글 백은영 | 그림 이한울

작가의 말

언제부터인가 방송에서 식량 위기, 식량 안보라는 말이 흘러나오기 시작했어요. 주의 깊게 뉴스를 보지 않았다면 비쩍 마르고 퀭한 눈으로 굶주림을 호소하는 아프리카 같은 나라의 이야기라고 생각하기 쉬워요. 그도 아니면 무시무시한 황충떼가 곡식을 남김없이 먹어 치워서 긴급 구호를 바라는 나라들이 늘어나고 있다는 자극적인 뉴스만 기억할 뿐이죠.

하지만 식량 위기는 가난한 나라뿐 아니라 부자 나라까지 포함해 전 세계 모든 나라가 겪고 있어요. 원인은 여러 가지예요. 그중 가장 큰 원인 하나는 세계 인구가 곧 80억 명에 도달한다는 거예요. 또 다른 원인은 기후 변화로 인해 농경지가 빠르게 줄어들고 사막으로 변하는 땅이 급속도로 늘어나고 있기 때문이에요. 즉 식량이 부족한데 곡물 수확량까지 줄어들고 있다는 의미지요.

이런 자연재해뿐만이 아니에요. 2022년 러시아-우크라이나 전쟁이 터지면서 식량은 단순히 먹거리라는 지위를 벗어났지요. 두 나라의 곡물 수출이 잠시 막히면서, 불안감을 느낀 세계 각 나라는 식량을 지키는 것이 곧 안보라고 외치게 되었어요. 그렇게 곡물 수출을 통제하고 수입한 곡물은 비축하기 시작했답니다.

  이런 세계적인 분위기는 우리나라에도 영향을 크게 미쳤어요. 우리 한국은 곡물 자급률이 쌀을 제외하고는 20%대를 간신히 유지하고 있거든요. 심지어 농사지을 때 쓰는 씨앗 또한 수입해 오는 것이 많답니다. 다행히 미리 비축해 둔 곡물이 있는 데다 새로운 수입 경로를 뚫어서 간신히 위기를 극복했지요. 물론 그동안 우리 정부에서 이런 일을 대비해 품질이 아주 뛰어난 토종 씨앗 개발에 매진한 결과기도 해요.

  하지만 이걸로 모두 끝난 걸까요? 점점 심각해지는 기후 변화는 한국에도 그 영향을 심각하게 미치고 있어요. 지독한 가뭄과 감당하기 어려운 폭우 등은 농사짓는 일을 더 힘들게 하고 있지요.

  그렇다면 우리는 식량 위기에 어떻게 대처해야 할까요? 이 책은 식량 위기를 해결할 수 있는 방법을 찾아보기 위해 쓰였어요. 물론 완벽하지는 않아요. 하지만 쌍둥이 남매와 우리가 생활 속에서 맞닥뜨리는 식량 문제를 고민하고, 해결을 위해 서로 머리를 맞대면 분명 좋은 아이디어가 떠오르게 될 거예요.

백은영

차례

- **01** 기울어진 식량 저울 12
- **02** 인도에서 온 할아버지의 편지 24
- **03** 해충을 막아라 34
- **04** 보물 씨앗 46
- **05** 벼락이 만드는 천연 비료 58

06	옥수수의 대변신출 66
07	고기를 키우는 법 78
08	할아배지의 보물 상자 86
09	나부터 지키는 물발자국 98

등장 인물

나세미

초등학교 5학년인 세미는 재원이보다 1분 먼저 태어나 누나가 되었다. 열정이 넘치고 모든 일에 흥분을 잘한다. 일을 잘 벌이지만 꼼꼼하지 않아 쌍둥이 동생 재원이에게 자주 잔소리를 듣는다. 하지만 동생을 위해 바퀴벌레도 잡아주는 씩씩한 누나다.

나재원

1분 늦게 태어나 동생이 된 것에 불만이 많다. 하지만 누나 세미가 벌여 놓은 일에 늘 적극적으로 동참한다. 책을 좋아하고, 편식을 하다 보니 마르고 은근히 겁이 많다.

나잘나

아빠 나잘나 씨는 환경 관련 연구를 주로 하는 공학 박사다. 지구가 오염되는 게 늘 걱정인 아빠의 머릿속에는 엉뚱한 발명품으로 가득 차 있다. 쌍둥이를 누구보다 사랑해서 아이들에게 잘해 주고 싶은 의욕이 과한 것과 요리를 좋아하지만 맛은 없다는 게 단점이다.

차분해

엄마 차분해 여사는 초등학교 선생님이다. 엉뚱한 아빠와 쌍둥이를 키우느라 어지간한 일에는 놀라지 않는 강심장이 되었다. 무슨 일이 생기면 어디선가 나타나 깔끔하게 정리해 주는 든든한 쌍둥이 가족의 해결사다.

기울어진 식량 저울

끼이익!

늦은 밤, 문 열리는 소리가 조용히 울려 퍼졌다. 이불 속에서 엄마 몰래 책을 읽던 재원은 마른침을 꿀꺽 삼켰다. 오늘로 벌써 일주일째, 이 시간만 되면 들려오는 소리다. 연이어 바닥에 쩍쩍 들러붙었다 떨어지는 발소리가 이어졌다. 마치 바다 깊숙한 곳에서 유령이 기어 나와 걸어가는 것만 같았다. 아무래도 지난주부터 읽고 있는 공포 동화 때문에 더 그런 생각이 드는 것 같았다.

'무서워!'

재원은 어제처럼 이불을 머리끝까지 뒤집어썼다. 자는 척하고 있으려니 방문이 살며시 열리는 게 느껴졌다. 재원은 바들바들 떨며 두 손을 모으고 눈을 꼭 감았다.

하나, 둘, 셋-.

조용히 문이 닫히고 잠시 후 찹찹 대는 소리가 들려왔다. 재원 대신 다른 누군가를 먹어 치우는 것만 같았다.
"어떡해."

재원은 눈물이 찔끔 맺힐 정도로 무서웠지만, 오늘은 꼭 정체를 확인하리라 마음먹었다. 무서운 걸 꾹 참고 이불 밖으로 기어 나와, 숨소리까지 죽이며 엉금엉금 문가로 다가갔다. 재원은 최대한 조용히 문을 열고 밖을 내다봤다. 거실과 이어진 주방에 있는 냉장고 불빛이 환했다. 그 앞에서 검은 형체가 요상한 소리를 내며 서 있었다. 재원은 조용히 일어서서 발꿈치를 들고 살며시 다가갔다. 그렇게 냉장고 앞에 서는 순간 시커먼 형체가 휙, 돌아섰다.

"으악!"

재원은 저도 모르게 고함을 질렀다.

"쉿!"

불빛에 드러난 얼굴은 황당하게도 쌍둥이 누나 세미였다. 세미의 볼은 빵빵했고, 손에는 반쯤 먹은 빵이 들려 있었다.

"뭐야, 밤마다 부스럭대던 게 누나였어?"

재원이 잔뜩 쫄았던 자신이 기막혀 목소리를 낮춰 소리쳤다. 세미는 입에 든 것을 꿀꺽 삼키고는 눈을 끔뻑였다. 아까 자는 걸 분명 확인했는데, 왜 눈앞에 있는지 궁금한 표정이었다. 그러다 금세 이유를 알았다는 듯 말했다.

"너 또 유령 책 몰래 읽고 있었지? 엄마가 악몽 꾼다고 자기 전에는 읽지 말랬잖아."

"그러는 누나는? 이 닦고 나서 간식 먹지 말랬잖아!"

재원이 지지 않고 대들었다.

"아직 이 안 닦았지롱."

세미가 혀를 날름거리더니 먹다 남은 빵을 냉장고 안에 넣고는 방으로 들어가 버렸다. 홀로 남겨진 재원은 한숨을 쉬며 냉장고 문을 열고 빵을 꺼냈다.

'먹던 빵을 그냥 넣어 두면 곰팡이가 핀다고!'

그때였다. 불쑥 안방 문이 열렸다. 재원은 너무 당황해 싱크대 한쪽에 있는 음식물 쓰레기통에 빵을 던져 넣었다.

"아들! 안 자고 뭐해?"

차분해 여사였다. 재원은 어색하게 웃으며 뒷걸음질쳤다.

"아, 엄마. 자다가 물 마시러 나왔어."

다음 날, 재원은 아빠의 밥 먹으라는 소리에 잠에서 깨어났다. 세수를 하다, 오늘 엄마가 아침 일찍 외출한다고 말했던 게 떠올랐다.

"그럼 아침은 피자빵이나 고소한 치킨너겟을 구워 주겠지?"

재원은 신나 하며 주방으로 뛰어갔다. 하지만 식탁 위에는 볶음밥이 수북하게 담긴 접시가 기다리고 있었다. 심지어 잘게 다진 채소가 어찌나 많이 들었는지 전체적으로 초록색이 감돌았다.

'너무해!'

대부분의 채소를 싫어하는 재원은 실망감으로 속이 팍 상했다. 특히 볶으면 식감이 물컹한 양파는 질색이었다.

'이런다고 내가 먹을 줄 알고!'

심통이 난 재원의 볼은 잔뜩 부풀었다. 반면 세미는 신난 얼굴로 볶음밥을 한술 푹 퍼서 입에 떠 넣고는 우물거리며 외쳤다.

"우와! 맛있어!"

재원은 젓가락으로 밥을 헤집는 척하며 재빨리 완두콩과 양파들을 골라 접시 한쪽에 쌓았다. 그런 뒤 파인애플만 남은 볶음밥을 조심스레 떠서 맛을 보았다.

'겨우 먹을 만하네.'

그러자 맞은편에 앉아 있던 세미가 접시 끄트머리에 소복이 쌓인 완두콩과 양파를 눈으로 가리키며 말했다.

"나재원. 그거 뭐야?"

"뭐긴 뭐야. 저걸 다 먹으면 속이 느글거려서 살짝 빼놓은 거뿐이라고!"

재원이 시큰둥하게 대답하자 세미가 눈을 부라렸다.

"이제 보니 네가 범인이구나!"

"뭔 소리야?"

"해마다 지구에서 얼마나 많은 양의 음식이 버려지는지 알아? 1/3은 버려진대. 그 정도 양이면 지구에서 굶어 죽는 모든 사람을 구할 수도 있을 거라고!"

"지금 고작 두 숟가락 덜어 냈다고 날 악당 취급하는 거야?"

재원이 얼굴까지 붉어지며 성을 내는데도 세미는 아랑곳하지 않고 말을 이었다.

"그게 다가 아니니까 그러지! 너 툭하면 유통기한 지났다고 냉장고 안에 든 것들 버리잖아. 과일은 또 어떻고? 흠집이 조금이라도 있으면 손도 대지 않잖아!"

재원은 말문이 막혀 뭐라 반박하려고 입을 우물거리다 번뜩 어제 일을 떠올렸다.

"설마 어젯밤에 빵 버렸다고 이러는 거야?"

"그 빵 진짜 맛있는 빵이었단 말이야!"

세미가 분하다는 듯 외쳤다.

티딕! 불똥이 튀었다. 둘 다 눈에 힘을 잔뜩 주고는 노려보고 있는데, 나잘나 박사가 식탁으로 다가섰다.

"둘 다 안 먹고 왜 그러고 있니?"

그러자마자 세미와 재원이 서로를 가리키며 소리쳤다.

"아빠! 재원이 볶음밥, 기아에 시달리는 사람들한테 줘. 저러고 편식하는데 그게 낫지."

"누나 볶음밥이야말로 아무것도 먹지 못해 배고픈 사람들한테 보내야 해. 조금 전에도 몰래 간식 먹었잖아."

나잘나 박사는 눈을 끔벅이며 세미와 재원을 번갈아 보더니 웃음을 터트렸다.

"히야. 돌아가신 할아버지가 너희 대화를 들으면 기막혀 하시겠구나."

세미와 재원이 동시에 고개를 갸웃대자, 나잘나 박사가 말을 이었다.

"불과 50년 전만 해도 한국도 보릿고개가 있었거든."

"보릿고개? 그게 뭔데?"

세미가 묻자, 재원이 고개를 갸우뚱하며 말했다.

"들어본 거 같은데…. 그거 엄청나게 배고픈 거 아니야?"

재원이 말에 아빠가 기특하다며 어깨를 툭툭 쳤다.

"오, 우리 재원이 똑똑한걸! 맞다. 가을에 수확한 곡식을 다 먹어 버려서 보리 익기를 기다리며 버티는 4~5월을 그렇게 불렀지. 그때 우리나라 사람들도 많이 굶어 죽었대."

"헐! 지금은 먹을 게 넘쳐나는데 신기하네. 누가 마법이라도 부렸대?"

세미가 믿지 못하겠다는 듯 눈을 굴리자, 재원은 쩔쩔매며 나잘나 박사를 바라봤다.

"마법? 그래. 마법 맞지. 녹색혁명이라는 어마어마한 일이 벌어졌으니까."
"녹색혁명?"
세미가 고개를 갸웃거렸다. 재원도 처음 듣는 듯 눈을 끔뻑거렸다. 나잘나 박사는 그럴 줄 알았다는 듯 입을 열었다.

"미국의 노먼 블로그라는 학자가 한국의 앉은뱅이 밀 씨앗을 이용해 재배도 쉽고 수확량도 많은 새로운 밀을 개량해 냈지. 그때를 기점으로 수많은 나라가 기아에서 벗어났어. 그 일을 두고 녹색혁명이라고 부른단다. 노먼은 그 공로를 인정받아서 1970년에 노벨 평화상을 받기도 했단다."

"그러니까 누나가 밤마다 간식을 먹을 정도로 먹을 게 넘쳐나는 건 그 녹색혁명 덕이네."

재원이 툭, 내뱉자 나잘나 박사가 고개를 끄덕였다.

"그렇지. 근데 세미 너 밤에 간식은 절대 먹지 마. 네 위장이 밤에 쉬질 못하면 키도 안 크고 살만 찐다고."

그러자마자 세미가 얼굴을 팍 구겼다.

"밤마다 유령 이야기 읽고 잠 못 자서 쩔쩔매는 누구보다는 낫지!"

둘 사이에 다시 불똥이 튕겼다. 서로 입을 꾹 다물고 노려보고 있노라니 배 속이 난리가 났다.

꼬르륵~! 꼬르륵~!

쌍둥이라고 박자까지 딱 맞췄다. 나잘나 박사는 웃음을 참느라 얼굴이 시뻘게졌다. 하지만 자꾸 잇새로 끅끅, 웃음 삼키는 소리가 샜다. 쌍둥이는 너무 창피해 얼른 숟가락을 집어 들었다.

"하긴 밤에 먹고 자면 잠을 푹 못 자긴 하더라."

세미는 아무 일도 없었다는 듯 숟가락으로 볶음밥을 푹 퍼서 입에 넣었다.

"나도 유령 이야기 읽고 나면 꼭 악몽을 꿔."

재원도 뻔뻔한 표정을 지으며 볶음밥을 푹 퍼서 한입 물었다. 그렇게 마음을 풀고 사이좋게 볶음밥을 우물거리는데, 초인종 소리가 났다.

"이 시간에 누구지? 올 사람이 없는데…."

주방을 나갔다가 잠시 후 돌아온 나잘나 박사의 손에는 두툼한 국제우편 봉투가 들려 있었다.

"거참, 신기하네."

쌍둥이는 숟가락을 손에 들고, 잔뜩 궁금한 표정으로 나잘나 박사를 바라봤다. 나잘나 박사는 봉투를 들어 보이며 말했다.

"얘들아, 10년 전에 돌아가신 너희 할아버지가 편지를 보냈어."

02
인도에서 온 할아버지의 편지

부리나케 점심을 먹어 치운 쌍둥이는 나잘나 박사와 거실에 둘러앉았다.

"아빠, 빨리 열어 봐, 빨리!"

마음이 급한 세미가 재촉했다. 나잘나 박사가 가위로 우편 봉투를 자르고는 거꾸로 뒤집었다. 그 안에서 우체국에 가면 흔히 볼 수 있는 하얀 봉투가 하나 툭, 떨어졌다. 봉투 위에는 이렇게 적혀 있었다.

> 사랑하는 내 손주들에게

세미와 재원은 서로 눈을 맞췄다. 둘 다 가슴이 콩콩 뛰었다. 할아버지가 돌아가신 지 10년이나 지나서 이제는 얼굴도 가물가물

해지려 했다. 하지만 평생 시골에서 농사를 짓는 농부였던 할아버지는 쌍둥이들이 태어나자 집안의 큰 경사라며 덩실덩실 춤을 추셨을 정도로 손주들을 사랑했다.

"너희들 앞으로 온 거구나. 열어 보렴."

나잘나 박사가 아이들에게 봉투를 건네자, 세미가 재원을 툭, 쳤다.

"어이, 막내. 열어 봐."

재원은 평소라면 막내 소리에 한마디했을 텐데 이번만은 군말 없이 편지 봉투를 건네받고서는 안에 든 종이를 꺼냈다. 몇 번이나 접힌 종이를 펼치니 글자 대신 손으로 그린 지도가 그려져 있었다. 색연필로 정성을 다해 그린 듯 지도 위에 그려진 건물이며 나무의 모양이 아주 섬세했다. 쌍둥이는 정신없이 지도를 들여다보다 가운데 나무 위에 표시된 'X'를 보고는 눈을 빛냈다.

"이거 보물 지도 맞지?"

세미가 외쳤다.

"우와! 할아버지가 우리를 위해 보물을 묻어 두셨나 봐!"

재원이 앉은자리서 펄쩍 뛰었다.

"근데 여기가 어딘지 너희들 알겠니?"

나잘나 박사가 안경을 밀어 올리며 물었다. 만세를 부르며 방방 뛰던 쌍둥이는 동작을 멈췄다.

"모르지."

세미가 말했다.

"봉투에 힌트가 있을지도 몰라."

재원이 황급히 국제 우편 봉투를 집어 들었다. 지도가 들어 있던 하얀 봉투는 손때조차 타지 않았는데, 겉봉투는 낡디낡아 있었다. 종이 질도 아주 거칠었다. 주소도 우편 소인도 모두 영어로 되어 있었지만 보낸 이는 분명 할아버지 이름이 적혀 있었다.

"음, 인디아라고 적힌 것 같은데. 그러면 이거 인도에서 보낸 거 아닐까?"

"인도?"

나잘나 박사가 봉투를 들고 들여다보더니 고개를 끄덕거렸다.

"재원이가 잘 봤네. 맞아, 인도 안드라프라데시주에서 보냈구나. 그곳 소인이 찍혀 있어."

"인도? 인도라면 심각한 영양부족에 시달리는 사람들이 엄청 많은 나라라고 들었는데, 할아버지랑 무슨 관계지?"

재원이 아는 척을 하자, 세미가 놀란 표정이 되었다.

"오, 나재원. 너 다큐 좀 보더니 들은 게 많네?"

"이 정도야, 기본이지. 부러우면 누나도 만날 만화만 보지 말고 다큐멘터리 좀 봐!"

"싫어! 그냥 너한테 들을래."

"아, 누난 진짜 얄미워."

그러고 쌍둥이가 토닥대는 사이 나잘나 박사는 고개를 요리조리 갸웃대며 고민에 빠져 있었다.

"흐음. 난데없이 인도라니. 아버지가 인도에 가신 적이 있었나?

그런 이야기는 들어본 적이 없⋯."

"통일벼가 개발되던 해에 아버님이 마을 대표로 뽑혀서 인도 녹색혁명 현장을 본다고 보름 정도 다녀오지 않으셨어요? 거기가 안드라프라데시주였던 것 같아요."

불쑥 차분해 여사의 목소리가 들려왔다. 쌍둥이가 깜짝 놀라 돌아보니 언제 돌아온 건지 차분해 여사가 목을 빼 밀고 봉투를 들여다보고 있었다.

"엄마다!"

재원이 차분해 여사를 반기는 사이, 세미는 엄마에게 달려들었다.

"엄마, 엄마. 있지⋯."

세미의 손이 차분해 여사의 주머니를 더듬었다. 차분해 여사가 웃으며 주머니에서 스티커가 담긴 봉투를 꺼냈다.

"사 왔어. 너 이거 기다렸지?"

"고맙습니다! 이것까지 붙이면 홍당무 나눔 할 수 있겠다."

세미가 히죽거렸다.

"누나. 아이돌 사진 꾸며서 홍당무에 올리는 것 좀 그만해. 반 여자애들이 자꾸 그거 다 끝났냐고 묻잖아. 진짜 귀찮다고!"

재원이 들고 있던 우편 봉투를 휘두르며 소리쳤다.

"뭐래? 부러워서 그래?"

세미는 혀를 내밀며 놀리다가 눈을 동그래졌다.

"어? 잠깐만! 봉투 안에 뭔가 쓰여 있어!"

"뭐?"

재원이 깜짝 놀라 제 손에 들린 봉투를 열어 안을 들여다봤다. 세미의 말이 맞았다. 미처 몰랐는데 봉투 안쪽에 영어로 뭔가 적혀 있었다. 나잘나 박사가 손을 내밀었다.

재원이 아빠에게 봉투를 건네자 나잘나 박사가 소리 내 읽었다.

> 나똑똑. 자네가 옳았어. 녹색혁명은 코베리의 축복이 아니라 아수라가 내린 재앙이었네.

"나똑똑? 그거 할아버지 별명이라고 들었던 것 같은데?"

세미가 눈을 부릅떴다. 재원이 고개를 끄덕였다.

"나도 할머니한테 들은 적 있어. 농사짓는 법이 독특해서 처음에는 욕을 엄청나게 먹었는데 나중에 알고 보니 할아버지가 옳았다고. 그래서 마을 사람들이 나똑똑이라고 부르기 시작했다고."

세미는 어렴풋이 떠오르는 기억을 더듬다가 어깨를 으쓱거렸다.

"근데 코베리는 뭐고 아수라는 또 누구래?"

그러자 차분해 여사가 입을 열었다.

"코베리는 인도 물의 여신이고, 아수라는 거인족으로 악의 화신이란다. 엄마가 알기론 안드라프라데시는 한때 녹색혁명으로 인도인들 모두를 먹일 만큼의 밀을 생산했지만, 지금은 환금작물을 키우고 있다더라. 아마도 그와 관련된 이야기를 하는 것 같아."

"엄마, 환금작물은 또 뭐야?"

세미가 물었다.

"말 그대로 키우는 족족 비싸게 팔 수 있는 작물을 뜻해. 카카오, 사탕수수, 커피, 면화 등이 대표적이지."

차분해 여사가 대답했다. 재원이 마뜩잖은 표정을 지었다.

"뭔가 이상하지 않아? 인도는 영양부족에 시달리는 사람이 많으니 식량이 될 걸 재배해야 할 텐데, 왜 그런 걸 키워?"

그러자 나잘나 박사가 아무 말 없이 실험실로 가더니 VR 안경을 꺼내 왔다.

"백문이 불여일견. 이런 일에 대비해 아빠가 개발한 요 장치를 이용하면 비행기를 타지 않고도 안드라프라데시를 직접 볼 수 있지."

쌍둥이는 새로운 모험에 눈을 빛내며 VR 안경을 받아들었다.

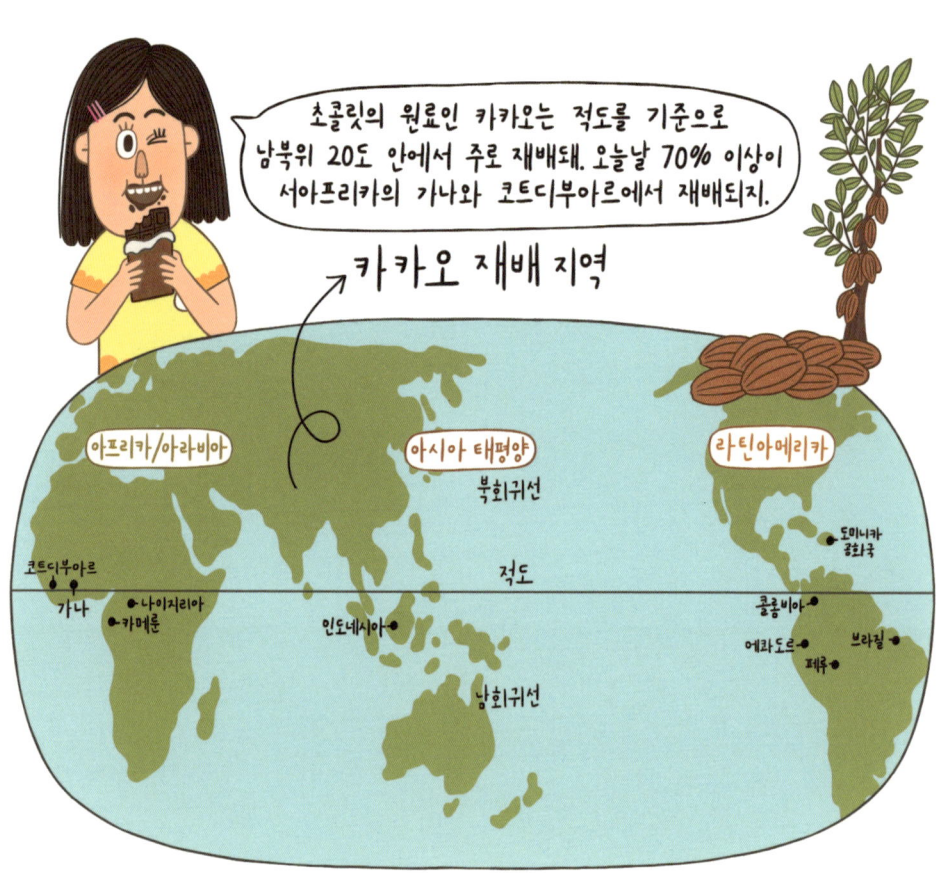

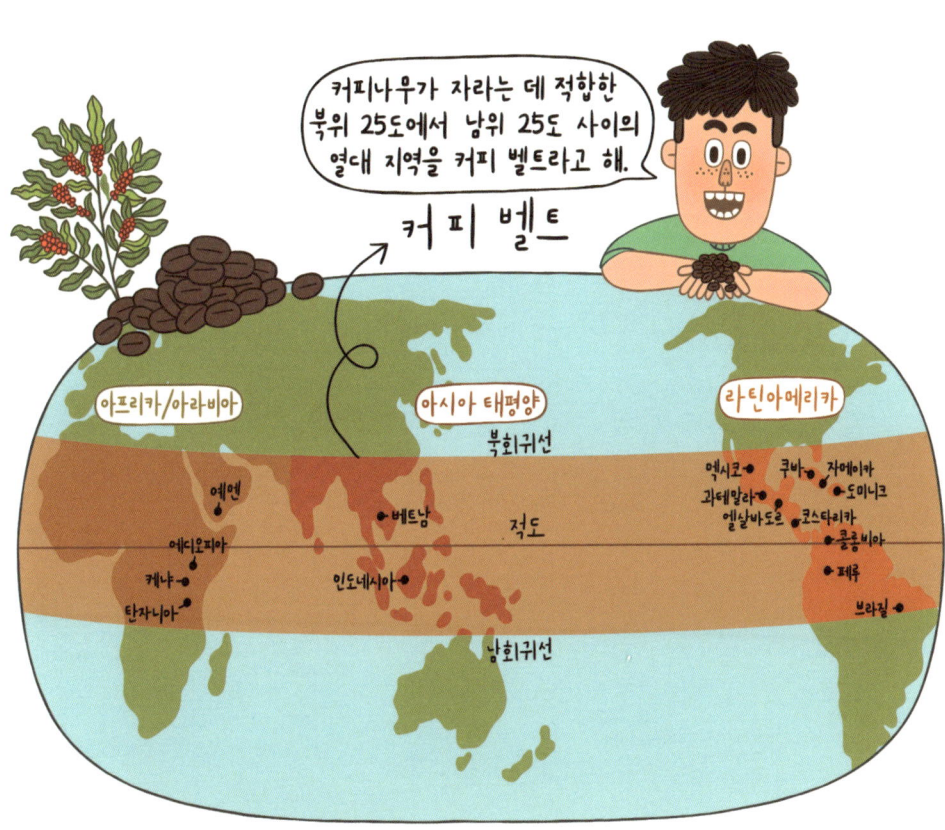

차분해 여사의 한마디

100여 년 전, 유럽인들은 가난한 나라를 식민지로 삼고 그곳 농부들에게 커피나무, 사탕수수, 카카오를 키우도록 했단다. 하지만 세월이 흘렀는데도 노동력 착취는 이어지고 있어. 몇몇 기업은 이곳에서 헐값에 사들인 원료로 커피나 설탕, 초콜릿을 만들어 비싼 값에 팔아 막대한 이윤을 챙기고 있지. 이에 맞서 제값을 주고 원료를 사서 만든 제품을 팔자는 운동이 일어났는데, 바로 공정무역이야.

해충을 막아라

 VR 안경을 쓰자 바닥이 사각의 러닝머신처럼 변했다. 처음에는 천천히 움직이다, 속도가 빨라졌다. 그러다 점점 눈앞이 밝아지더니 어느 순간 솜뭉치 망울을 달고 선 꽃밭이 눈앞에 펼쳐졌다.
 "우와! 이게 뭐야?"
 세미가 신기해하며 허리 숙여 솜뭉치를 만져 보았다. 놀랍게도 포슬포슬한 감촉이 고스란히 느껴졌다.
 "진짜 만지는 거 같은 느낌이야!"
 세미의 말에 차분해 여사가 옆에 서며 말했다.
 "목화를 하얀 금이라고 부른다더니 사방이 다 목화꽃밭이구나. 그나저나 한 작물만 심으면 땅이 건강하지 못할 텐데."
 "그러게요. 흙에서 아무런 냄새도 나질 않는 걸 보니 땅속 미생물이 비실거리는 게 분명해요."

앗! 진짜 만져지잖아!

꺄르르!

땅속 마법사라 불리는 다섯 가지 미생물

젖산균 ← 작물 뿌리 발육 촉진

고초균 ← 생육 촉진, 병원균 억제

곰팡이 ← 병해 방지, 유해 성분 분해

효모 ← 토양개량 유기물 분해

광합성균 ← 미생물 증식 도움, 유기물 분해 촉진

나잘나 박사는 걱정스러운 말을 덧붙이고는 허공에 떠 있는 사각형 패널에 뭔가를 입력했다. 그러자 지도 하나가 보였다.

"봉투에 적힌 주소를 입력했으니, 어디 가 볼까?"

 지도 위에서 붉은 점 하나가 빠르게 이동했다. 주변은 온통 목화밭만 보였지만 붉은 점은 네 식구가 선 곳에서 점점 멀어졌고, 그러다 드디어 한 지점에서 멈췄다.

"찾았다. 이제 여길 누르면!"

 나잘나 박사가 붉은 점을 콕, 누르자 마치 기차에 탄 것처럼 주변 풍경이 빠르게 흘러갔다.

 우욱! 재원이 구역질을 했다. 세미는 차분해 여사의 품에 얼굴을 묻고 눈을 감았다. 다행히 오래 걸리지는 않았다. 풍경이 정지하자 아이들은 그제야 안도의 숨을 내쉬었다.

"아빠! 말이라도 하고 움직여야지!"

 재원이 선 자리에서 펄쩍 뛰었다.

"미안, 미안. 이걸 실제로 사용하는 건 처음이라."

 나잘나 박사가 머쓱한 얼굴로 웃었다. 세미가 차분해 여사에게서 떨어지며 눈을 흘겼다. 막 한마디하려는데 차분해 여사가 앞을 바라보며 놀란 표정을 지었다.

"여긴 딴 세상 같구나!"

 그제야 쌍둥이 눈에 확 바뀌어 버린 풍경이 눈에 들어왔다.

 눈앞에는 갈대밭이 펼쳐져 있었다. 쑥쑥 자란 갈대는 어찌나 큰지 쌍둥이의 키를 훌쩍 넘었다. 신기하게도 갈대가 자라고 있는

곳은 물가가 아니라 고랑이 분명한 밭이었다.

"아, 이건 갈대가 아니라 사탕수수구나."

나잘나 박사가 고개를 쭉 빼며 말했다. 쌍둥이가 눈이 동그래져서 바라보자 나잘나 박사가 씩 웃었다.

"갈대랑 비슷하게 생겼지? 이 사탕수수에서 뺀 즙으로 만든 게 설탕의 재료가 되는 원당이란다."

그때였다. 커다란 낫이 쑥, 앞으로 나오나 싶더니 사탕수수 밑동을 베어냈다. 사탕수수가 와르르 쓰러지며 낫을 든 허연 수염의 노인이 나타났다. 갈색 피부를 지닌 노인의 얼굴은 주름이 자글자글했지만, 기분이 아주 좋아 보였다.

"후-."

노인이 이마에 밴 땀을 닦으며 긴 숨을 내뱉었다. 그러자 노인의 머리 위로 VR 안경 속 챗봇이 쓴 글자가 나타났다.

> 주머니에 핸드폰이 있습니다. 접속하시겠습니까?

"편지를 보낸 사람이 바로 이분 같구나. 직접 이야기를 나눠 볼래?"

나잘나 박사가 물었다. 쌍둥이는 냉큼 고개를 끄덕였다.

"물론이죠!"

그러자 나잘나 박사가 글자를 손가락으로 톡, 터치했다.

뚜르르-.

노인이 주머니에서 핸드폰을 꺼내 들었다. 나잘나 박사가 유창한 영어로 말을 건네자 핸드폰을 통해 노인에게 전달됐다. 노인이 뭐라 뭐라 답하자, 그의 머리 위로 챗봇이 통역한 글자가 나타났다.

> 나똑똑이 아들이라고? 그래, 얼마 전에야 그 친구가 맡겨 놨던 우편물이 생각나서 보냈지.

"그러면 혹시 할아버지가 남긴 보물이 뭔지 아세요?"
세미가 물었다. 물론 세미의 목소리는 노인에게 닿지 않았다. 대신 나잘나 박사가 물었다. 노인이 고개를 젓는 게 보였다.

> 난 모르지. 하지만 그 친구가 나에게 남긴 보물과 비슷한 게 아닐까?

그 말을 듣고 나잘나 박사는 친구분께 남긴 보물이 뭔지 물어보며, 눈에 보이지는 않지만 지금 이곳에 와 있다고 길게 설명했다. 노인이 사탕수수밭 너머로 보이는 집을 가리켰다.

> 가지. 직접 볼 수 있다니 보여 주는 게 낫겠어.

쌍둥이는 신나서 노인을 따라 발을 옮겼다. 밭고랑을 따라 걸어가며 보니 사탕수수밭 뒤로는 논이 펼쳐졌다.

잎이 거뭇한 벼도 있었고, 쌍둥이가 할머니 댁에서 흔히 보던 초록 잎이 예쁜 벼도 있었고, 갈색이 도는 꽃을 달고 선 벼도 보였다.

"인도는 짜파티던가? 밀가루로 만든 납작한 빵에 카레를 먹고 살지 않아?"

세미가 고개를 갸웃거렸다.

"북인도는 짜파티를 주로 먹지만 남인도는 쌀이 주식이란다. 인도 야생 벼인 오리자 니바라가 벼의 원조거든."

차분해 여사가 말했다.

"음…. 근데 이 벼들 다 같은 게 아닌가 봐. 좀 다른 거 같아. 잎이 거뭇한 이 벼는 원래 이런 색인 거야?"

재원이 곁눈질로 벼를 살피며 말했다. 그러자 논 위에 사각 패널이 떠오르더니 벼 위로 풋말이 떠올랐다. 거뭇한 잎을 단 벼 위에 달린 이름은 '뎀바샬리'였고 그 옆은 '카기샬리', 그다음은 '샤스티카'였다. 재원의 추측대로 죄다 다른 품종이었다.

"샤스티카? 이름 예쁘다."

세미가 말하자마자 나잘나 박사가 냉큼 통역했는지 노인이 허허, 웃었다.

> 샤스티카는 기원전 3세기의 의학 서적에도 나오는 붉은 쌀인데, 심장에 아주 좋은 약효 성분이 들었지.
> 멸종한 줄 알았는데 다른 지방에서 자라고 있었지, 뭐야.
> 나똑똑이 덕분에 구해서 키우고 있는 거야.

"할아버지가?"

쌍둥이가 눈을 빛내며 외치자 노인이 초록 물결이 치는 논을 손짓하며 말했다.

> 본래 여긴 목화밭이었어. 알아서 해충을 막아 내는 멋진 씨앗을 살 때만 해도 금세 부자가 될 줄만 알았지.

세미와 재원은 서로 눈을 맞추며 고개를 갸웃거렸다.

"씨앗이 어떻게 해충을 알아서 막지?"

"그러게. 씨앗에 손발이 달렸나?"

그러자 차분해 여사가 입을 열었다.

"아무래도 몬산토라는 회사가 BT 유전자를 주입해서 만들어 낸 씨앗을 말하는 것 같네. 이런 씨앗이 키운 작물을…."

"GM 작물! 맞지?"

재원이 아는 척을 했다.

"우리 재원이 대견하네. 맞아. 유전자 변형작물이지."

차분해 여사가 재원의 어깨를 토닥였다. 세미가 입을 삐죽였다.

"GM 작물은 나도 알아! 선생님이 그건 특허권이 있어서 매번 사야 하는 데다 외국산 종자라 로열티도 내야 하고, 음, 또 뭐라 했는데…. 아, 맞다! 농약도 더 많이 써야 한다고 했어."

"알아서 해충을 막는 특수 씨앗인데, 농약이 왜 필요해?"

재원이 이상하다는 표정으로 말했다.

"그건 아마도⋯."

세미는 우물거리다 눈을 부릅떴다.

"어, 담장 밑에 저게 다 뭐야?"

둘이 떠드는 사이, 어느덧 노인의 집 앞이었다.

황토를 짓이겨 만든 벽에 슬레이트 지붕을 인 집은 낡았지만 아주 깔끔했다. 마당에선 노인의 가족으로 보이는 사람들이 사탕수수를 다듬어 한 단씩 묶느라 아주 바빴다. 흔히 볼 수 있는 시골 풍경이었는데 기이하게도 집을 두른 담장 아래 플라스틱 통이 보란 듯이 착착 쌓여 있었다.

"전부 다 라운드업이란 라벨이 붙어 있어."

재원이 요리조리 살피며 말했다. 재원의 말에 자세히 들여다보던 차분해 여사가 걱정 가득한 목소리로 말했다.

"BT 목화를 만든 회사에서 만든 제초제구나. 현재 세계에서 가장 많이 쓰이는 제품이야. 제초제를 이겨 내는 유전자 조작을 한 작물을 제초제와 한 세트로 팔지. 이걸 뿌리면 잡초만 죽는단다."

"멋지다! 슈퍼맨 씨앗이네. 제초제보다 강하다니."

재원이 신이 나자 세미가 웅얼거렸다.

"슈퍼맨이 아니라 괴물 씨앗 같은데. 왠지 무서운걸."

나잘나 박사가 팔짱을 끼며 고개를 끄덕거렸다.

"무서워하는 게 맞아. 유전자 조작 작물이 우리 몸에 어떤 영향을 미치는지 아직 잘 모르거든. 게다가 제초제에 든 글리포세이트라는 성분이 폐암과 자폐증을 일으킨다는 연구 결과도 있지."

나잘나 박사의 한 마디

인도 농부들은 BT 면화를 심으면서 새로운 녹색혁명을 꿈꿨어. 결과는 어땠을까? 처음에는 해충이 알아서 죽고 제초제를 뿌리면 잡초만 죽으니 농사가 아주 쉬웠어. 하지만 얼마 지나지 않아 BT 면화가 뿜어 내는 독성을 이겨 내는 해충이 등장했어. 제초제에도 멀쩡한 잡초가 생겨났지. 결국 인도 농부들은 빚을 져 가며 다른 농약을 사들여야만 했어.

삐거덕-.
담장에 달린 문이 열렸다.

> 따라들어 오게.

노인이 문 너머로 들어서며 말했다. 쌍둥이가 앞장섰다. 그 뒤를 나잘나 박사와 차분해 여사가 따랐다. 노인은 마당을 지나 집을 빙 돌아 뒤뜰로 갔다. 그곳에는 작은 움막 같은 게 있었는데 짚으로 만든 문을 치우니 아래로 내려가는 계단이 보였다.

> 여기가 내 보물 창고지.

보물 씨앗

 어둑한 계단을 노인은 성큼성큼 잘도 내려갔다. 쌍둥이는 서로 눈을 맞추며 침을 꿀꺽 삼켰다.
 "좋아. 나 먼저 갈게."
 세미가 먼저 용기를 냈다. 시커먼 굴속으로 발을 디디니 발아래 러닝머신이 계단처럼 변했다. 조심하며 열 계단쯤 내려가니 바닥이 나타났다. 세미가 안도하며 내려서는 순간 급하게 뒤따라 내려온 재원이 와서 부딪쳤다. 아야! 쌍둥이는 그대로 바닥을 굴렀다.
 "누나, 괜찮아?"
 깜짝 놀란 재원이 물었다.
 "응, 좀 놀랐지만 괜찮아."
 세미는 한 손으로 땅을 짚고 일어서며 고개를 끄덕였다. 손바닥에 차가운 땅의 기운이 그대로 느껴졌다.

"이 안 엄청 추운 것 같지 않아?"

"그러게. 진짜가 아닌데도 추워."

세미와 재원이 뒤를 따라 나잘나 박사와 차분해 여사가 들어오며 묻다.

"얘들아, 괜찮아?"

그때였다. 딸깍, 전등에 불이 들어왔다. 사방이 환해지며 마치 둥지처럼 생긴 동굴 안이 눈에 들어왔다.

> 여긴 조상 대대로 씨앗 창고로 쓰였던 곳이야. 녹색혁명이 시작됐을 무렵, 버려졌지. 그 위에 내가 집을 지었고. 운이 좋았어.

노인은 넋두리를 늘어놓더니 구석에 있는 나무상자를 보란 듯이 통통, 두들겼다.

> 이게 바로 나똑똑이가 나에게 남긴 보물이야.

쌍둥이는 신나 하며 상자 앞으로 다가섰다. 평범한 상자가 아니었다. 조선 시대 한약방에서나 볼 법한 상자에는 수십 개의 서랍이 달려 있었다.

> 나똑똑이 한국으로 돌아가서는 이 무거운 걸 보내왔지. 처음엔 뭔가 했어.

노인이 서랍을 하나씩 열기 시작했다. 놀랍게도 서랍마다 제각각 다른 모양과 색을 지닌 씨앗이 담겨 있었다.

> 나똑똑이 이곳에 왔을 때 며칠을 돌아다니며 다양한 토종 씨앗을 정말 많이 모았어. 그중 귀하다는 씨앗만 골라서 잘 보관하라고 하며 돌아갔지. 돌아가서도 신경이 쓰였는지 이걸 보내온 거야. 이 상자가 습기를 빨아들이고 온도도 유지해 줘서 씨앗을 보관하기에 딱이더라고.

쌍둥이는 귀를 쫑긋하고 집중해서 듣다가 동시에 푸핫, 웃음을 터트렸다.

"뭐야. 난 금화가 가득한 상자라도 있는 줄 알았는데."

"누나도 그랬어? 나도 보석이 가득한 보물 상자를 기대했는데."

"음, 얘들아. 씨앗이 보물 맞는데? 아까 말한 BT 씨앗은 특허권이 있어서 농부들이 매년 새로운 씨앗을 사서 뿌려야 하거든."

나잘나 박사가 아이들 대화 속에 툭 끼어들었다. 쌍둥이는 웃음을 멈추며 돌아섰다.

"매년 사야 한다고? 수확해서 얻은 씨앗을 쓰면 되잖아?"

재원이 물었다. 그러자 차분해 여사가 앞으로 나섰다.

"특허권이 걸린 씨앗을 함부로 쓰면 벌금을 내야 해. 몇 년 전에는 다른 밭에서 뿌린 BT 씨앗이 날아들어 자랐는데, 그것마저도 특허권 사용료를 내야 한다며 재판이 열린 적이 있단다. 다행히 BT 씨앗 회사가 재판에서 졌지만, 그것만 봐도 얼마나 엄격한지 알겠지?"

"나빴다. 그런 씨앗 안 쓰면 그만이지!"

세미가 팔짱을 끼며 콧방귀를 킁, 뀌었다.

"그게 참 어려운 게, BT 씨앗을 써서 해충을 다 쫓아내면 그 해충은 어디로 갈까?"

차분해 여사가 물었다. 쌍둥이는 서로 눈을 맞췄다. 답은 뻔했다. BT 씨앗을 뿌리지 않은 밭으로 다 몰려갈 거다.

"악순환이네. 쓰자니 돈이 많이 들고 안 쓰자니 해충이 문제고."

"아! 알겠다! 왜 보물 상자인지!"

갑자기 재원이 손뼉을 쳤다. 세미가 어리둥절해 바라보자 재원이 말을 이었다.

"저 중에 해충을 이겨 내는 씨앗이 있는 거야?"

아이들의 이야기를 듣던 나잘나 박사가 노인에게 뭐라 묻자 노인의 얼굴에 웃음기가 번졌다.

> 반은 맞고 반은 틀렸어. 여긴 면화 씨앗이 없어. 애초에 이 지역에서 키우던 작물이 아니었거든. 내가 그걸 키우겠다고 했더니 나똑똑이 그러더라고. 자연을 이기는 인간은 없다고. 우리 농부들이야말로 그 사실을 가장 잘 알지 않느냐고. 맞는 말이었지. BT 씨앗은 처음에는 수확량을 늘려 줬지만, 키우다 보니 유전자 변형 처리를 한 씨앗들은 하나같이 물을 너무 많이 먹더라고.

"엉? 남인도는 몬순 기후라 비가 엄청 많이 내린다고 학교에서 배웠는데, 왜 물 고민을 하지?"

세미가 고개를 갸웃거렸다.

"기후 변화 때문이지. 대기의 강이 망가졌거든."

차분해 여사의 말에 세미 눈이 휘둥그레졌다.

"대기의 강이라니? 엄마, 하늘에 강이 흐른다고?"

"미국에 사는 이모가 지난여름 홍수로 고생한 거 기억나지?"

차분해 여사가 물었다. 세미는 안다는 시늉을 했다.

세미는 이모가 사는 캘리포니아산 오렌지를 정말 좋아했다. 오렌지 주스도 만들어 먹고, 그냥 까먹기도 하며 입에 달고 살았다.

그런데 캘리포니아에 큰 가뭄이 들어서 오렌지가 사라졌다. 어찌나 서운하던지…. 안타까워하던 차에 뜬금없이 이모한테 연락이 왔다. 드디어 비가 내리기 시작했다는 소식이었다. 그때만 해도 좋았는데 며칠 지나자 비 소식은 공포로 바뀌었다.

한 달 가까이 비가 멈추지 않고 내리더니 대홍수가 났다. 집이고 뭐고 죄다 물에 휩쓸려 떠내려갔고 이모네 집도 물에 잠겨 큰 피해를 입었다.

나잘나 박사의 한 마디

아열대 지방에서 만들어진 대기의 강은 한반도로 흘러온단다. 그러다 보니 우리나라에 내리는 비의 반 정도는 대기의 강 영향을 받지. 하지만 지구 온도 상승으로 대기의 강은 심각한 문제를 일으키고 있단다. 2022년 여름 우리나라에 시간당 141m의 비가 퍼부어 홍수가 난 것도 대기의 강 때문이었어.

"대홍수, 큰 가뭄이란 말을 들을 때는 기후 위기가 현실이 되고 있다고 생각하면 돼. 대기의 강이란 아열대 지방의 수증기를 머금은 대기가 마치 강물처럼 미국 서부 지역으로 흘러가기 때문에 붙은 이름이란다. 바다 온도가 높아지면서 만들어진 어마어마한 양의 수증기가 결국 이모가 사는 동네에 평소보다 거의 10배에 달하는 10억 톤의 비를 쏟아부었단다."

차분해 여사는 그렇게 말하고는 검지를 세워 보였다. 세미는 두 손으로 볼을 감쌌다. 차분해 여사가 저러는 건 세미가 던진 질문의 답이 들어 있다는 의미였다.

"음. 수수께끼 같네."

"나 알 것 같은데."

재원이 눈을 반짝이며 말했다. 그러자 다급해진 세미가 재원의 입을 손으로 막았다.

"가만있어. 내가 알아낼 거니까!"

세미는 열심히 생각을 더듬다 손가락을 튕겼다.

"알겠다! 남인도에 뿌려야 할 비를 대기의 강이 모조리 수증기로 바꿔 캘리포니아에 뿌린 거구나!"

차분해 여사가 정답이라는 눈짓을 했다. 잘난 척하는 재원이 앞에서 체면을 세운 세미는 숨을 크게 들이켰다.

"가뜩이나 물을 많이 먹는 BT 씨앗을 심었는데 가뭄이 들었다면."

"아, 그래서 면화 대신 사탕수수를 심고 쌀을 키우는 거구나."

재원이 말했다. 그때 나잘나 박사가 쌍둥이의 말을 모두 전했는지 노인이 덤덤하게 말했다.

> 나똑똑이 그랬지. 전 세계가 녹색혁명을 외치는데 가만 보니 좋은 게 아니라고. 수확량 좋은 종자 몇 개에 비료와 제초제, 살충제를 퍼부어 수확량을 늘리는 건데, 결국 땅의 힘을 쥐어짜는 거라 언젠가는 탈이 날 거라고 했어. 그것들을 모두 이기는 괴물 해충, 괴물 잡초가 나타날 게 분명하니 그때를 대비해 다양한 토종 씨앗을 저장해 둬야 한다고 말했지.

재원이 와, 탄성을 내질렀다.

"수업 시간에 씨앗은 그 자체가 하나의 우주라고 배웠는데, 할아버지가 그 말을 실천한 분이셨네. 멋지다!"

"음…. 난 좀 헷갈리는데? 곧 세계 인구가 80억 명이 된다고 들었거든. 더구나 지구 평균 기온이 올라가 식량이 부족해지고 있다면 땅의 힘을 쥐어짜서라도 수확량을 늘려야 하는 거 아닌가?"

세미가 고개를 갸웃거렸다.

"수확량은 늘었지만 속은 맹탕이라면?"

나잘나 박사가 되물었다. 쌍둥이는 무슨 소리인지 모르겠다는 표정을 지었다. 나잘나 박사는 쓴웃음을 지으며 말했다.

"60년 넘게 비료를 퍼부으면서 농사를 쉬지 않고 짓다 보니 미국은 땅속 미네랄의 85%가, 유럽은 75%가 사라졌단다. 한국도 유럽과 비슷한 수준이야. 즉 그 땅에서 자란 작물의 영양분도 그만큼 형편없다는 거지."

"어쩐지! 먹어도 먹어도 배가 고프더라!"

세미가 기함했다.

"누난 그냥 많이 먹는 거잖아!"

재원이 말하며 헛웃음을 터트렸다. 그때였다.

띠-띠-띠.

전자음이 들려왔다.

"이런, VR 안경의 배터리가 다 됐나 보다."

나잘나 박사는 황급히 외치더니 노인에게 영어로 인사를 건넸다. 노인의 주름진 얼굴 가득 웃음기가 드리워졌다.

> 그래. 어서 가. 가서 나똑똑이 남긴 보물을 찾아. 세상에서 가장 값진 보물을 말이야.

쌍둥이는 노인을 향해 꾸벅 절했다.

"네. 편지 보내 주셔서 감사합니다."

"보물 꼭 찾을게요. 걱정하지 마세요!"

순식간에 노인의 모습이 사라지고, 발아래서 돌아가던 레일이 멎었다.

나잘나 박사의 한 마디

땅의 힘이 줄어들면서 비료 사용량이 1950년대에 비해 10배로 늘어났단다. 반면 작물 생산량은 고작 3배가 늘어났을 뿐이야. 게다가 제초제, 살충제의 사용량은 늘어나서 작물에 독성이 쌓이고 있지.

05
벼락이 만드는 천연 비료

쌍둥이는 VR 안경을 벗었다. 아이들을 뒤따라 안경을 벗은 차분해 여사의 얼굴은 감동으로 그득했다.

"대단하네, 그 어르신. 아까 집으로 가는 길에 보니까 비료 대신 퇴비를 만들어 쓰시더구나."

"가는 길에 그런 게 있었다고?"

재원이 물었다. 차분해 여사가 코를 훌쩍하고는 말했다.

"바람을 타고 풍겨 오는 향긋한 냄새를 맡았거든. 그러고 보니 밭의 흙도 까만 것이 아주 비옥해 보이더라."

갑자기 세미가 얼굴을 구겼다.

"혹시 희미하게 풍겨 오던 구린내는 아니지?"

"똥 냄새와는 다르지. 퇴비는 보통 똥에 낙엽과 짚을 섞어서 발효시키니까. 인도라고 크게 다르진 않을 거야."

차분해 여사의 말에 재원이 헷갈린다는 표정을 지었다.

"퇴비랑 비료가 달라? 난 같은 건 줄 알았는데."

"다르지. 퇴비를 뿌리면 양분도 공급하지만, 땅속에 미생물이 증가하거든. 반면 비료는 식물에 양분만 공급할 뿐이란다."

"그렇다는 건 흙을 건강하게 만드는 건 퇴비란 거네."

"정답. 우리 아들 똑똑하네."

차분해 여사의 칭찬에 재원이 으쓱한 표정을 지었다. 그걸 본 세미의 표정은 샐쭉해졌다.

"그래도 난 밭에서 맛있는 냄새가 나는 게 좋던데."

"알고 보면 구린내란 것도 네가 먹고 남긴 찌꺼기를 세균이 분해하면서 풍기는 가스일 뿐이란다. 자신들이 살아 있다고 알리는 셈이지."

나잘나 박사가 VR 기계를 실험실에 가져다 놓고는 돌아와 소파에 털썩 주저앉으며 말했다.

"어르신네 밭에 부디 벼락이 많이 치기를!"

"에? 아빠, 왜 그런 무서운 말을 해?"

맞은편 소파에 앉아 있던 재원이 놀라 말했다. 옆에 앉아 있던 세미도 나잘나 박사에게 눈총을 쐈다.

"맞아. 아무리 구린내가 풀풀 나지만 할아버지 친구 밭이잖아."

나잘나 박사가 웃음을 터트렸다.

"너희들 모르는구나! 벼락이 많이 치면 그해 농사는 풍년이 든다는 속담이 있어! 근데 그게 과학적으로 증명된 사실이거든."

"정말?"

재원이 믿을 수 없다는 얼굴로 소리쳤다. 세미 또한 같은 표정이었다.

"에이, 벼락이 친다고 풍년이 드는 건 거짓말 같아."

나잘나 박사가 당황한 얼굴로 차분해 여사를 바라봤다. 차분해 여사가 빙그레 웃으며 설명했다.

"아빠 말이 맞아. 벼락이 칠 때면 공기 중에 섞여 있는 질소를 질산으로 만들거든. 식물은 질산을 아주 좋아해. 그게 바로 비료의 주성분이지. 그 밖에도 콩과 식물의 뿌리에 있는 뿌리혹박테리아 또한 질소를 질산으로 바꾸는 재주가 있단다."

쌍둥이는 서로 눈을 맞췄다. 그러고는 동시에 손을 모으며 눈을 감았다.

"할아버지 친구네에 벼락이 많이 치기를."

"벼락이 쳐도 다치는 사람은 없고, 식물만 쑥쑥 크기를."

둘은 진심으로 소원을 빌었다.

"착하기도 하지, 우리 쌍둥이들. 할아버지가 아시면 기뻐하실 거야."

나잘나 박사는 그렇게 말하며 탁자 위에 놓인 바나나를 집어 들었다.

"열심히 걸었더니 배가 고프네."

쌍둥이는 동시에 눈을 떴다. 먹음직하게 생긴 바나나의 노란 껍질을 쭉쭉 벗기니 하얀 속살이 드러났다.

"나도 먹어야지!"

세미가 마지막 남은 바나나를 냉큼 집어 들었다. 재원이 손을 내밀었다.

"혼자 다 먹어? 나도 반쪽 줘!"

"그러지 말고 재원이는 이거 먹으렴. 어차피 아빤 이 바나나 별로 안 좋아해."

나잘나 박사는 손에 들린 바나나를 건넸다. 재원은 얼른 받아서 입에 넣고 우물거렸다. 세미도 시원하게 한 입 먹어 치웠다. 그 사이 차분해 여사가 주방에서 큼직한 바나나 한 송이를 들고 와 소파에 앉으며 말했다.

"싸우지 말고, 더 먹어. 여보, 동남아에 가면 아직 그로 미셸을 기르는 작은 농장이 있다던데요."

"그거 멸종한 거 아녔어요? 난 그렇게 들었는데요?"

나잘나 박사가 눈을 굴렸다. 차분해 여사가 한숨을 내쉬었다.

"아닌가 봐요. 그로 미셸이 파마나 곰팡이병에 취약하니까 모두 캐번디시로 바꾼 거래요."

그 사이 바나나를 두서너 개씩이나 더 먹어 치운 쌍둥이는 엄마와 아빠가 나누는 대화가 당최 무슨 소리인지 몰라 눈만 껌뻑였다. 그러자 나잘나 박사가 둘의 표정을 읽고는 싱긋 웃으며 말했다.

"너희가 먹는 바나나의 품종은 캐번디시야. 하지만 아빠가 젊었을 때 먹던 바나나의 품종은 그로 미셸이었지. 캐번디시는 그로 미셸보다 퍽퍽하고 단맛도 적단다."

"어라? 바나나가 다른 맛도 있었어? 미국 이모네 가서 먹었을 때도 바나나는 똑같은 맛이던데."

재원이 놀라자, 나잘나 박사가 쓴웃음을 지었다.

"당연하지. 전 세계 곳곳에서 파는 바나나는 모두 같은 품종이니까."

"더운 지방마다 바나나를 키우던데, 그게 모두 같은 품종이라고? 어떻게 그럴 수가 있지?"

"재배가 까다로운 작물일수록 번식력이 좋은 종을 선택해야 대량 생산이 가능하거든. 캐번디시 바나나는 자연 수정을 하지 않고 꺾꽂이를 이용해 생산한단다. 그러니 모두 똑같은 유전자를 가진 클론 바나나지."

"GT 면화도 처음에는 그랬지만 슈퍼 해충, 슈퍼 잡초가 나타나서 난리 난 거잖아. 아빠, 만약 바나나에도 그런 해충이 나타나면…."

재원이 부르르 떨자 세미가 손사래를 쳤다.

"뭘 걱정해. 그땐 또 다른 바나나 품종을 키우겠지."

"그건 안 될 거야."

차분해 여사의 말에 얼굴 가득 궁금증을 담은 세미가 쳐다봤다. 그런 세미를 보며 차분해 여사가 말했다.

"엄마가 알기론 1960년대만 해도 바나나 품종은 수십 가지였지만 이젠 몇 종 남지 않았다더라. 다시 복원도 어렵고. 그러니 어느 날 갑자기 바나나가 사라질 가능성이 아주 크지."

"너무해. 나 바나나 진짜 좋아하는데."

재원이 얼굴이 잔뜩 찌푸려졌다. 그걸 본 세미가 킥킥댔다.

"어쩌나, 내 동생. 그나마 잘 먹는 과일이 바나나인데, 없어지면 슬프겠네."

재원이 눈살을 구겼다.

"누난 안 슬퍼? 바나나를 대신할 건 이 세상에 없어! 바나나는 바나나라고."

"바나나가 없으면 옥수수를 먹으면 되지 뭐. 난 옥수수가 더 좋더라."

세미를 어깨를 으쓱거리고는 나잘나 박사를 바라봤다.

"아빠, 할아버지가 숨긴 보물 찾으러 언제 갈 거야?"

"내일 가자꾸나. 할머니께 간다고 전화 드려야겠네."

"그럼, 어머님 좋아하시는 거 사러 장을 보러 가야겠네요."

차분해 여사의 말에 세미가 벌떡 일어나며 말했다.

"나도 갈래!"

그러자 재원도 부리나케 외쳤다.

"나도, 나도!"

06
옥수수의 대변신

 차분해 여사가 카트를 밀며 진열대 사이를 누볐다. 할머니가 좋아하는 박하사탕이며 쌍둥이는 눈길도 주지 않는 옛날 과자들이 차곡차곡 카트에 담겼다.
 "아침으로 피자나 치킨을 기대했는데 아빠가 볶음밥을 해 버렸다니까. 그것도 양파랑 당근을 잘게 썰어서 잔뜩 넣은 볶음밥이라니…."
 재원은 차분해 여사와 나란히 걸으며 연신 쫑알거렸다.
 "그거 아빠한테 우리 아들 채소를 너무 안 먹어서 엄마가 부탁한 건데?"
 "정말? 엄마가 그랬다고? 너무해!"
 재원이 한껏 억울하다는 표정을 짓자 차분해 여사가 미소 지었다.
 "이제 보니 우리 아들 아침을 배부르게 먹고 나서도 종일 옥수수만 먹을 생각이었구나."

"어, 아닌데? 점심 때는 시리얼이랑 우유 먹었는데."

재원이 고개까지 저어가며 외치는데 앞서가던 세미가 돌아보며 웃어댔다.

"동생아. 시리얼 주재료가 옥수수야! 그것도 몰라?"

순간 재원이 깜짝 놀란 얼굴이 되었다. 그러자 차분해 여사가 재원의 머리를 쓰다듬으며 말했다.

"모를 수도 있지. 괜찮아, 지금 알았으면 됐지. 시리얼뿐 아니야. 우유도 옥수수란다."

"어? 어떻게 우유가 옥수수야?"

이번에는 세미가 고개를 갸웃거렸다. 재원은 문득 시골에 계신 할머니 댁 누런 소를 떠올렸다. 끼니마다 커다란 가마솥에 끓여 낸 소죽에는 옥수수로 만든 사료를 잔뜩 부리곤 했다. 할머니 말로는 그것만큼 소를 살찌우는 데 좋은 사료가 없다고 했다. 그러니 다른 소들도 그럴 법했다.

"젖소가 옥수수를 먹고 우유를 만드니까?"

차분해 여사가 방긋 웃었다.

"정답! 소뿐만 아니라 닭, 돼지, 고양이, 햄스터 등 모든 동물 사료의 주원료가 옥수수란다."

"우와. 그럼 동물들은 무슨 옥수수를 좋아해요? 찰옥수수? 초당옥수수? 입맛 따라 다른가?"

몇 걸음 앞서 걸으며 먹고 싶은 걸 골라 담던 세미가 뒤돌아서

서는 눈을 반짝이며 물었다. 먹는 데 진심인 세미 모습에 차분해 여사가 웃음을 터트렸다.

"아니, 동물 사료로 쓰이는 옥수수는 사람이 먹는 옥수수와는 다르단다. 미국이나 브라질 같은 대평원을 가진 나라에서 키우는데 주로 유전자 조작 옥수수지."

"또? 옥수수도 혹시 GT 면화처럼?"

"그래. 제초제랑 해충 저항 유전자를 넣은 종자로 키워 내지. 글리포세이트 성분이 들어간 제초제를 주기적으로 뿌리기도 하고 말이야."

"엄마! 여기 시리얼 성분 분석표에 유전자 조작 옥수수를 사용했을 가능성이 있다고 적혀 있는데?"

재원이 진열대에서 가져온 시리얼을 흔들며 끼어들었다. 차분해 여사가 고개를 끄덕였다.

"맞아. 그래서 엄마가 너희에게 시리얼은 일주일에 한 번만 먹으라고 하는 거야. 다행인 건 옥수수의 고향인 멕시코에선 글리포세이트 사용을 금지했어. 차차 그렇게 변해 가겠지."

"왜 우리나라 옥수수로 시리얼을 안 만드는 거지?"

재원이 툴툴댔다. 차분해 여사가 대답했다.

"우리나라는 곡물 자급률이 아주 낮단다. 그러다 보니 쌀을 제외한 곡물 대부분을 수입해야 해. 옥수수만 해도 한 해 250만 톤을 수입하는데, 사료용 옥수수를 포함해 99.3%를 수입에 의존한단다."

차분해 여사의 한마디

유전자 재조합 기술은 작물뿐 아니라 수산물에도 행해지고 있어. 최초의 GM 동물은 바로 연어란다. GM 연어의 등장으로 유전자 재조합 농산물이라는 뜻의 GMO(Genetically Modified Organism)보다 살아 있는 유전자 재조합 생명체라는 뜻을 지닌 LMO(Living Modified Organism)가 널리 쓰이기 시작했어.

같이 갈래?

시누크 연어
성장 호르몬이 넘쳐나는
야생 대서양 연어

오션파우트
성장 호르몬이 계속 나오는
스위치를 지닌 생선

난자

대서양 연어 난자
시누크×오션파우트
유전자를 연어알에 삽입

와우! 어떻게 이렇게 커진 거지?

GM 연어
1년 내내 성장 호르몬이 분배돼
일반 연어보다 2배 이상 자람

"저것도 옥수수, 이것도 옥수수. 어디 보자. 우리 재원이 좋아하는 순살 치킨 텐더는 옥수수 먹고 자란 닭고기를 옥수수 전분에 묻혀 옥수수기름으로 튀긴 후 옥수수가 들어간 허니 머스터드소스에 찍어 먹으니 옥수수 파티인 셈이겠네."

"으악! 옥수수 없으면 난 죽겠다."

"옥수수는 여기저기 안 들어가는 데가 없네."

세미는 정말 깜짝 놀랐다.

"맞아, 옥수수는 변신술의 천재거든."

차분해 여사는 그렇게 말하며 진열대를 가리켰다. 재원은 머리를 쥐어뜯다 손가락을 튕겼다.

"그래, 피자! 피자 먹고 살면 되겠다!"

그러자 세미가 고개를 절레절레 저었다.

"쯧쯧, 피자 위 치즈는 우유로 만드는 거잖아."

"맞다! 그랬지!"

재원은 아차 싶은 얼굴로 인상을 구겼다.

"뭐, 너무 걱정하지 마. 땅이 엄청 넓은 미국과 브라질에서 키운다니 옥수수가 사라질 일은 없을 거야."

세미는 재원의 어깨를 두들기며 차분해 여사를 바라봤다.

"엄마, 맞지?"

확신에 찬 세미와 달리 차분해 여사의 표정은 밝지 않았다.

"몇 년 전만 해도 다들 그렇게 믿었지. 하지만 지구가 대기의 강이 고장 날 정도로 빠르게 뜨거워지고 있어서 말이야."

재원은 숨을 크게 들이켜곤 조심스레 물었다.

"설마 그래서 옥수수 경작지가 줄어든 건 아니지?"

"기상학자들 말로는 10년 후면 옥수수 생산량의 4분의 1이 사라질 거라더라. 하지만 더 큰 문제는 따로 있단다."

세미와 재원은 눈을 맞추며 마른침을 꿀꺽 삼켰다. 무서운 것들로 가득 찬 놀이공원 유령의 집 앞에 선 기분이 들었다.

"코로나가 겨우 잠잠해졌는데, 러시아-우크라이나 전쟁이 터진 건 알지?"

차분해 여사가 조용히 물었다.

"응! 뉴스에서 봤어."

재원이 고개를 끄덕였다. 세미는 떠올리기만 해도 끔찍하단 표정을 지었다.

"우리 또래 아이들도 많이 다치고 죽었잖아."

차분해 여사는 고개를 주억거리며 말했다.

"맞아. 그래서 이번에는 전 세계가 다 같이 식량 위기를 맞게 됐단다."

세미와 재원은 고개를 갸웃거렸다. 머나먼 나라에서 터진 전쟁에 왜 전 세계가 식량 위기를 맞게 된 건지 언뜻 이해가 가질 않았다. 차분해 여사는 그런 아이들의 마음을 읽은 듯 진열대에 놓인 과자 봉지를 들어 내밀었다. 국산 딸기가 듬뿍 들어갔다고 광고해서 유명해진 쿠키였다.

"뒤에 적힌 성분표에서 나라 이름을 다 말해 보렴."

재원이 냉큼 받아들고 소리 내 읽었다.

"밀가루는 미국산, 식물성 유지는 말레이시아산, 라즈베리 퓌레는 스페인산, 딸기 씨앗은 폴란드산, 딸기파우더랑 딸기 고형물은 국산."

"뭐야, 쿠키 하나를 만드는 데 5개 나라나 필요한 거네."

잔뜩 흥분한 세미 옆에서 차분해 여사가 고개를 끄덕였다.

"그래. 바로 그거야. 오늘날 세계는 이런 식으로 분업화가 되어 있단다. 어느 한 나라만 빠져도 과자 하나 만들기가 어려워지지."

"아! 알겠다. 그러니까 러시아와 우크라이나가 빠지면서 뭔가 중요한 재료가 사라졌단 거구나?"

재원은 손가락을 튕기며 소리쳤다. 차분해 여사의 미소가 깊어졌다.

"그래. 맞아. 러시아와 우크라이나는 다양한 작물 수출국이란다. 그런 두 나라가 전쟁을 시작하면서 당장 밀 수출에 차질이 생겼어. 깜짝 놀란 35개국이 식량 통제를 선언했지. 그 와중에 엎친 데 덮친 격으로 인도가 가뭄을 겪으면서 밀 수출을 중단한 거야. 그 결과 전 세계 밀가루 가격이 폭등했단다. 우리나라는 밀가루를 거의 전량 수입에 의존하다 보니 더더욱 힘들어졌지."

"그래서 빵값이 갑자기 비싸진 거구나."

세미가 우울한 표정을 지었다.

"빵뿐만이 아니야. 너희들 얼마 전에 식용유 때문에 한바탕 난리가 났던 거 기억하지?"

차분해 여사가 물었다. 재원이 고개를 끄덕였다.

"응, 기억하고 말고. 한 가구당 하나씩만 살 수 있다고 해서 엄마랑 줄 서서 샀잖아."

"그것도 전쟁 때문이었단다. 러시아는 전 세계 해바라기유의 20%를 생산하는 나라거든. 전쟁으로 수출이 통제되면서 대소동이 났던 거야. 그런데 이번에는 옥수수가 문제가 된 거지. 우크라이나는 세계적인 옥수수 생산국이거든."

"끔찍하네. 내가 좋아하는 것들이 죄다 사라질 뻔했네."

재원이 하얗게 질린 얼굴로 진열대 위에 즐비하게 놓인 식품을 바라봤다. 옥수수가 들어가지 않은 게 거의 없었다. 그뿐 아니라 옥수수가 없으면 가축들도 굶게 될 테니 더 큰일이었다. 우유 같은 유제품도 사라질 테니 케이크는 영원히 작별이었다. 고기는 물론이고 달걀도 사라질 테니 밥상에 나물 반찬만 올라올 것 같았다.

"우리에게는 이렇게 큰 마트가 있는데 뭐가 걱정이야. 옥수수가 다시 수입될 때까지 버티면 그만이지."

세미가 와하하, 웃었다. 재원이 눈살을 찡그렸다.

"누나, 해외에서 휴지나 식료품 사재기하는 뉴스 못 봤어? 도시에 사는 사람이 얼마나 많은데, 이런 마트로 며칠이나 버틸 수 있을 것 같아? 일주일? 열흘? 그것보다 적을걸?"

"사방이 마트인데 뭔 고민? 한 달은 넘게 버티겠지."

세미가 어깨를 으쓱거렸다. 재원이 차분해 여사를 바라보며 눈으로 물었다. 차분해 여사가 고개를 끄덕였다.

 **차분해 여사의 한 마디**

한국은 세계에서 일곱 번째로 곡물 수입량이 많은 나라야. 식단의 필수 곡물인 밀 99.5%, 콩 92.5%를 의존하고 있다 보니 식량 가격이 올라가면 물가가 폭등할 수밖에 없단다.

"얘들아, 도시에 식품 공급이 중단되면 고작해야 사흘이면 마트에 있는 물건이 죄다 동날 거야."

세미의 눈이 휘둥그레졌다.

"겨우 3일? 그건 좀 무섭다."

"그래서 러시아-우크라이나 전쟁을 계기로 식량 안보라는 말이 나오기 시작했단다. 총이나 대포 같은 전쟁용 무기만큼이나 식량 또한 무기가 될 수 있다는 사실을 알게 됐거든. 더군다나 한국처럼 곡물 대부분을 수입하는 나라에선 자급률을 지키는 것이 곧 평화를 지키는 일이 돼 버렸지."

차분해 여사가 말했다.

"곡물 독립을 외쳐야겠네. 곡물 독립 만세!"

세미가 주먹을 불끈 쥐며 소리치자, 재원이 질세라 덧붙였다.

"우리 밥상은 우리 곡물이 지킨다!"

차분해 여사가 웃음을 터트렸다.

"우리 쌍둥이 멋지네. 맞아. 바로 그거야. 그래서 엄만 할아버지의 보물이 너무 기대된단다."

고기를 키우는 법

솜사탕처럼 부푼 뭉게구름이 산 위에 걸려 먹음직해 보였다. 세미는 입맛을 다시며 배를 쓸었다.

"엄마! 빨리. 할머니가 점심 차려놓고 기다린다고 하셨잖아!"

운전하던 차분해 여사가 백미러를 통해 세미를 바라봤다.

"아침에 큰 고구마를 2개나 먹고도 배가 고파?"

"3개 먹을까 하다 점심 생각해서 2개만 먹었다고!"

세미가 우렁차게 외쳤다. 그러자 옆에 앉아 있던 재원이 귀를 틀어막는 시늉을 했다.

"멀미 때문에 속 울렁거리니까 조용히 좀 해 줄래?"

세미가 미간을 구겼다.

"빈속이니 멀미가 더 나지! 고구마에 맛있는 김치 얹어 먹고 나왔으면 괜찮았을 거 아냐!"

"그거야 누나 비법이지! 아, 몰라. 나 잘 거야."

재원이가 눈을 꼭 감고 자는 척을 했다. 말은 그랬어도 걱정이 된 세미는 멀미가 그렇게 심한가 싶어 재원을 쳐다봤다. 그때 보조석에 앉아 있던 나잘나 박사가 아이들을 돌아보며 말했다.

"참, 어제 할머니랑 통화하는데 동네 사람들과 축사에서 키우는 소에게는 모두 마스크를 씌우기로 했대."

"마스크? 소가 마스크를 쓴다고?"

세미가 깜짝 놀라자, 나잘나 박사가 말을 이었다.

"너희가 지난겨울에 할머니한테 소가 뀌는 메탄 방귀 때문에 오존층이 망가져서 지구가 뜨거워지고 있다고 그랬다며?"

"내가 그랬는데."

재원이 눈을 번쩍 뜨며 대답했다. 나잘나 박사가 아예 몸을 완전히 뒤로 돌려 재원을 보며 말했다.

"우리 손주들이 살 세상인데 뭔가 방법이 없을까 찾아보다 소 코에 씌우는 마스크를 찾아내셨대. 그걸 쓰면 메탄가스가 53%나 줄어든다더라."

"굳이 그럴 필요까지는…."

재원이 기가 죽자, 세미가 재원의 팔을 툭 쳤다.

"아니지. 대기의 강이 망가져서 농사가 엉망이잖아. 그게 다 지구가 뜨거워져서고."

"그래도 마스크 씌우고 어쩌고 하는 거 귀찮잖아."

"바보. 이럴 땐 할머니 진짜 멋지다! 이러는 거야. 그치?"

 세미의 물음에 운전하던 차분해 여사가 고개를 끄덕였다.
 "맞아. 모두 누군가 하겠거니 하고 모른 척한다면 지구는 점점 뜨거워질 거야. 할머니가 멋진 결정을 하셨네."
 "으음. 그렇다면 우리도 뭔가 해야 할 것 같은데."
 재원이 우물거렸다. 세미가 동감이라는 듯 팔짱을 끼며 진지한 표정을 지었다. 그러자 나잘나 박사가 말했다.
 "그거 아니? 소가 아니라 소 세포를 키워 고기를 만드는 회사가 있다는 거? 얼마 전에 그 고기로 만든 햄버거가 나왔다는구나. 아직은 비싸서 마트에서 팔진 못하지만 몇 년 안에 우리도 먹을 수 있겠지?"

"그건 몇 년 후잖아. 지금 당장 할 게 필요하다고."

세미가 구시렁거렸다.

"고기 먹는 걸 줄여 보면 어때? 대신 두부나 달걀로 보충하는 거지. 고소애도 있고."

차분해 여사가 말했다. 세미가 고개를 갸웃거렸다.

"고소애가 뭐야?"

나잘나 박사가 핸드폰으로 검색한 사진을 보여 주었다.

으악! 쌍둥이가 동시에 비명을 질렀다. 갈색을 띤 통통한 애벌레가 접시 한가운데 놓여 있었다.

"갈색거저리라는 벌레인데 고소한 맛이 난다고 해서 고소애라고 불러. 해외에선 식사대용 벌레란 뜻인 밀웜이라고 부르지."

"아무리 지구를 구하기 위해서라지만 벌레는 좀 아니야!"

재원이 하얗게 질린 얼굴로 외쳤다. 하지만 세미는 벌레를 들여다보며 호기심이 가득한 얼굴이 되었다.

"징그럽긴 한데, 무슨 맛일지 궁금하긴 하네."

"누나!"

재원이 앉은자리에서 펄쩍 뛰었다. 세미가 눈을 굴렸다.

"먹어 보지도 않고 겉모습만으로 맛을 평가하는 건 편견이야. 그리고 너 번데기 좋아하잖아! 그거 누에 애벌레로 만든 거라고!"

식재료로 인정받은 곤충들

메뚜기
말린 메뚜기의 단백질 함유량은 무려 70%!
단백질 분해효소인 트립토판도 풍부해 소화가 잘된다.

누에 번데기
뇌 조직과 성장에 필수인 레시틴이 풍부해
아이들에게 특히 좋다.

갈색거저리
단백질(50.3%) 뿐만 아니라 지방(33.7%)도 풍부하다.
불포화지방산을 다량 함유하고 있어
혈관 질환 및 성인병 예방에 도움을 준다.

흰점박이꽃무지 유충
'굼벵이'라는 이름으로 더 유명한 벌레
니아신 성분이 독소 해독과 혈액 순환 개선을 돕는다.
또한 비타민B가 풍부해 따로 비타민제를 먹을 필요가 없다.

"그거야 벌레인 줄 모르고 먹어서 그런 거고 이건 벌레인 걸 아는데 어떻게 먹어?"

"그럼 넌 먹지 마. 난 먹어 볼 거야."

세미가 진지하게 선언하듯이 말하자 차분해 여사가 백미러로 바라보며 미소 지었다.

"세미는 엄마랑 다음 주에 고소애로 토르티야 피자를 만들어 보자. 레시피 봤는데 맛있어 보이더라."

"좋아!"

세미가 손뼉을 쳤다.

대화를 나누는 사이 도로가 끝이 나고 흙길이 나타났다. 구불거리는 길을 따라 10여 분 달리니, 드디어 할머니 댁이 보였다. 100년 전 조상 할아버지가 지은 집은 'ㄷ자' 형태로 문 바로 옆에 마루가 붙은 바깥채가 있었다. 할머니는 일찌감치 기다리고 있었는지, 차가 서기도 전에 바깥채에 있는 방문을 열고 나왔다.

"어이구, 우리 강아지들 왔구나."

"할머니! 보고 싶었어요!"

쌍둥이는 할머니 품으로 쏙 들어갔다. 할머니가 주름진 손으로 쌍둥이의 등을 쓱쓱 쓸었다.

"그래. 잘 왔다, 잘 왔어. 밥부터 먹자."

08
할아버지의 보물 상자

밥상은 할머니가 정성 들여 키운 작물로 가득 했다. 각종 나물 반찬에 시금치와 버섯 그리고 연근 튀김까지 죄다 꿀맛이었다. 평소 채소라면 질색하던 재원조차 할머니 손맛이 들어간 건 뭐든 잘 먹다 보니 세미 못지않게 많이 먹었다. 그렇게 한참 신나게 먹는데, 나잘나 박사가 물었다.

"어머니, 청양고추 없어요? 그게 없으니 서운하네."

"종잣값이 너무 비싸서 올해는 못 키웠어. 대신 우리 손주들 먹을 시금치를 샀는데, 시금치 종자도 5,000원이나 비싸졌더라. 옆집 할멈이 그러는데 로열젤리인가가 붙어서 그렇대."

할머니의 대답에 재원이 고개를 갸웃거렸다.

"로열젤리? 꿀이 붙어서 비싸졌다고요?"

그러다 문득 떠오른 생각에 조심스레 물었다.

"할머니, 로열젤리가 아니라 혹시 로열티 아녜요?"

"로열티? 그게 뭐냐?"

"학교에서 배웠는데 수입해 오는 씨앗에는 로열티가 붙는대요. 그래서 국산 씨앗보다 비싸대요."

"맞다. 그거야, 그거. 청양고추 씨앗도 시금치 씨앗도 죄다 외국서 들여오는 게 맞거든."

할머니가 무릎을 치며 외쳤다. 그때까지도 볼에 꽉 차게 먹어대던 세미가 입에 든 것을 꿀꺽 삼켰다.

"할머니! 아빠가 매일 먹는 청양고추가 외국 거라고요?"

"특허권을 가진 회사가 외국에 팔렸거든. 사실 우리나라 종자 자급률은 형편없어. 쌀과 딸기를 제외하면 20% 수준이지."

나잘나 박사가 쓴웃음을 지으며 대신 대답했다.

"너희들이 태어나기 전에는 딸기도 모두 일본산 씨앗이었단다. 하지만 정부가 국산 종자를 열심히 개발한 덕에 국산 딸기가 나오기 시작했지. 마트에 딸기가 넘쳐나는 이유란다."

차분해 여사가 덧붙였다. 쌍둥이는 마른침을 꿀꺽 삼키며 밥상을 내려다봤다. 이 중 외국 씨앗으로 키운 게 몇 개일지 가늠이 되지 않았다.

"어서 먹어라. 배가 든든해야 보물인지 뭔지 찾으러 가지."

할머니가 재촉했다. 쌍둥이는 다시 밥을 푹 펐다. 여전히 맛있었지만, 둘의 머릿속에선 똑같은 질문이 떠올랐다.

'식량 수출을 막은 것처럼 만약 종자 수출을 막는다면?'

차분해 여사의 한마디

청양고추는 유일웅 박사가 1983년에 제주산 고추와 태국산 매운 고추를 교배해 만든 신품종이란다. 그러다 1997년 외환위기가 터지면서 청양고추 특허권이 몬산토로 넘어갔어. 몬산토는 2018년 독일기업 바이엘에서 인수했기 때문에 현재 청양고추 로열티는 독일에서 받고 있어.

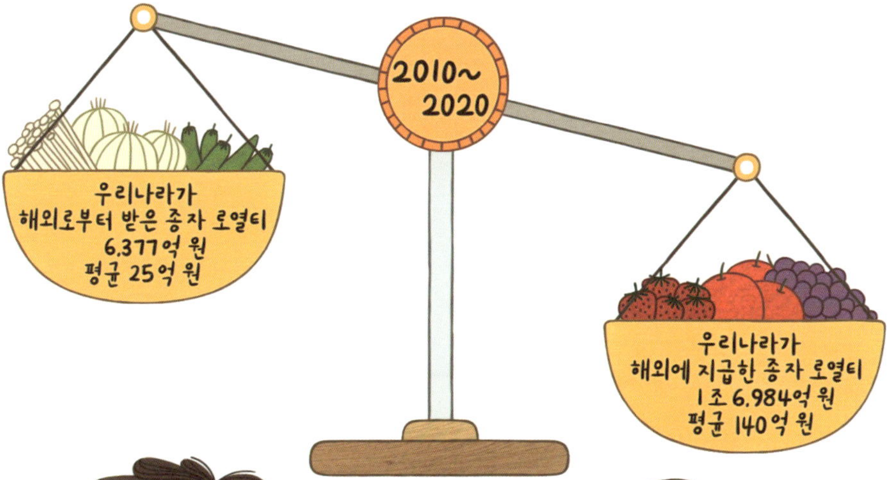

2010~2020

우리나라가 해외로부터 받은 종자 로열티
6,377억 원
평균 25억 원

우리나라가 해외에 지급한 종자 로열티
1조 6,984억 원
평균 140억 원

우리나라가 일본에 로열티를 내는 대표적인 채소들

팽이버섯의 80%

양파의 70%

양배추의 85%

브로콜리의 100%

"우리가 흔히 먹던 것도 다 로열티를 냈구나! 이제라도 다행이야."

궁천조생
50년간 감귤 왕좌를 지켜 온 일본산 귤 '궁천조생'.

제주 감귤
제주에서 2004년 태어난 최초의 국산 귤. '하례조생'은 궁천조생보다 빨리 익고 수확량도 많다.

한라봉·천혜향·레드향·황금향
모두 일본 출신 감귤류. 하지만 한라봉은 품종 등록조차 안 되어 있고 나머지는 일본에서 품종 보호 신청 시기를 놓쳐서 로열티를 내지 않음.

탐나는봉
2014년생으로 한라봉보다 껍질이 얇고 더 달다. 미국 진출 계약을 맺어 1주당 1.25달러씩 로열티를 받기로 함.

하얀 팽이버섯
일본이 매년 10억 원의 로열티를 챙겨 감. 종자 점유율 80%.

갈색 팽이버섯
아삭한 식감과 면역증강 물질이 하얀 팽이버섯보다 1.6배 더 많이 함유. 지방은 2배 낮음. 고온 재배 가능해 냉방비 절약 효과.

내 입맛이 정확하다니까! 우리 땅에서 자란 우리 맛이라 더 맛있는 걸!

 VS

장희·레드 펄(육보)
2000년대 초만 해도 일본산 딸기 점유율 90%. 매년 30억가량의 로열티 지불.

설향·죽향·킹스베리·싼타·알타킹
2005년 설향 출시 이후 현재 종자 점유율 96.3%. K-프리미엄 딸기 열풍의 주역 싼타와 알타킹.

 VS

꿀고구마 베니하루카
사람들 사이에 입소문을 타고 번진 꿀고구마 '베니하루카'는 이름 그대로 일본산 품종.

꿀고구마 소담미
2020년생 꿀고구마 소담미는 '베니하루카'보다 단맛이 더 강하고 저장성이 좋음. 보급 2년 만에 국내 점유율 4위. 경기도에서는 '베니하루카' 역전!

 **차분해 여사의 한마디**

로열티를 받기 위해서는 해당 국가가 국제식물신품종보호동맹(UPOV)에 가입해야 한단다. 한국은 2002년 가입했고 그때부터 외국이나 다른 사람이 개발한 품종을 이용할 때 로열티를 지급해 왔어. UPOV는 개발한 지 25년이 지난 작물의 특허권은 공개해 로열티를 더는 받지 않도록 규정하고 있단다. 반면 25년이 지나지 않은 작물은 신품종 보호 작물로 지정해 로열티를 요구할 수 있는 권리를 인정하고 있지.

쌍둥이가 오싹한 기분을 떨치며 점심을 다 먹고 나니 할머니가 옥수수를 간식으로 내왔다.

"우와! 옥수수다!"

세미가 냉큼 집어 들었다. 재원이 질렸다는 표정을 지었다.

"누난 그렇게 많이 먹고 또 들어가?"

"옥수수 배는 따로 있거든!"

세미는 신나 하며 옥수수까지 먹어 치웠다.

"맛있다! 집에서 먹던 옥수수보다 훨씬 맛있어!"

할머니가 기특하다는 듯 바라보며 말했다.

"우리 세미 혀가 국산을 알아보네. 시장에 가니까 반딧불이 초당옥수수라고 우리나라서 개발했다기에 사다 키워 봤지."

"우리나라 옥수수 종자가 있어요?"

세미가 놀라 묻자 할머니가 고개를 끄덕였다.

"이게 개발되기 전에는 죄다 일본산이었지."

"이제부터 이것만 찾아서 먹어야겠다. 로열티 걱정도 필요 없고 맛도 최고네, 최고."

그렇게 세미가 옥수수를 하나 더 먹어 치우고 나서야 보물찾기가 시작됐다. 고향이다 보니 동네 지리가 훤한 아빠가 앞장서려 하는 걸 쌍둥이가 막았다.

"아빠! 이건 할아버지가 우리한테 보낸 편지라고!"

"맞아. 그러니까 우리가 찾을 거야."

"그래, 그래. 알았다."

나잘나 박사가 뒤로 물러서자, 차분해 여사가 웃으며 말했다.

"뭐가 나올지 궁금해서 그러죠? 나도 그래요."

쌍둥이는 지도에 그려진 길을 따라 온 동네를 헤매고 다녔다. 그러다 드디어 다다른 길에서 눈앞에 산이 보였다. 산에 다가갈수록 뭔가 좀 이상했다. 저 위에 도대체 뭐가 있는 건지 동네 어르신들이 손에 주머니 하나씩을 쥐고 내려오고 있었다.

"나똑똑이 손주들이 드디어 보물을 찾으러 왔네."

"10년을 할머니 혼자 보물을 가꾸더니 드디어 주인이 나타났네."

마주치는 할아버지 할머니마다 수수께끼 같은 말을 던졌다. 쌍둥이는 열심히 인사를 하느라 목이 다 아플 지경이었다. 마침내 할아버지가 'X'자 표시를 해 놓은 곳에 다다랐다.

"이 나무를 끼고 빙 돌아가면…."

세미가 걸음을 옮겼다. 재원이 옆에 바짝 붙어 따라왔다. 어마어마하게 큰 나무의 둥치를 끼고 돌아서자 눈앞이 탁 트였다.

"우와!"

산 아래로 신기한 모양의 밭이 넓게 펼쳐졌다. 보통 밭은 빗살로 긁어 만든 것처럼 두둑이 간격을 맞춰 쭉 뻗어 있는 직사각형이었는데, 지금 눈앞에 보이는 건 완벽한 원형이었다.

"뭐지? 설마 저게 보물이야?"

세미가 눈을 부릅떴다. 재원이 고개를 끄덕였다.

"지도는 분명 저게 맞는데?"

"어머니가 산 중턱 밭에는 얼씬도 말라고 하시더니, 이유가 있었네. 이건 퍼머컬처 농법 그 자체잖아!"
나잘나 박사가 탄성을 터트렸다. 쌍둥이가 그게 뭐냐는 얼굴로 바라보자 나잘나 박사가 말했다.

"퍼머컬처란 영어로 영원을 의미하는 퍼머넌트(Permanent)와 농업을 의미하는 에그리컬처(Agriculture)의 합성어야. 우리나라에선 지속 가능 농업이라고 부르지. 쉽게 말해서 다양한 작물을 소규모로 제초제와 살충제 없이 농사를 짓는 거야."

"제초제와 살충제 없이도 농사가 된다고?"

재원이 신기해하자 차분해 여사가 설명을 덧붙였다.

"너희도 친구마다 특색이 있지? 어떤 친구는 내 마음을 키워 주고, 또 어떤 친구는 내가 나쁜 일을 하려고 들면 막아 주고. 그런가 하면 서로서로 보듬어 주는 친구도 있지 않니?"

쌍둥이가 고개를 끄덕였다. 차분해 여사가 검지를 들어 둥근 밭을 가리켰다.

"작물도 특색 있는 친구들이 있단다. 그걸 활용하면 제초제와 살충제 없이도 농사를 지을 수 있지. 그러니까 가서 어떤 친구를 활용했는지 찾아보렴."

세미가 후다닥 뛰어 내려갔다. 손에 보물 지도를 들고 뒤따라 내려가던 재원은 햇살 아래서만 드러나는 보물 지도 속 숨은 글자를 알아보았다.

> 둥근 지구에 어울리는 건 둥근 밭이지. 세미야! 재원아!
> 건강한 채소 먹고 쑥쑥 자라렴. 사랑하는 할아버지가.

우리 거라 좋긴 하지만 다 채소네.

내가 좋아하는 게 한가득이네.

내가 심은 작물	잘 자라도록 돕는 작물	해충을 퇴치해주는 작물	서로 돕는 작물	경쟁 관계인 작물
오이	콩류, 캐모마일, 타임, 한련화	양파, 레디쉬, 메리골드, 상추	옥수수, 배추, 콩류	감자, 세이지, 로즈마리, 오레가노
토마토	레몬밤, 보리지, 바질, 파슬리	차이브, 한련화, 갓(겨자), 마늘	메리골드, 아스파라거스	옥수수, 감자, 콜라비, 딜, 회향, 브로콜리
감자	강낭콩, 가지, 바질, 캐모마일	대파, 고수, 메리골드, 완두콩		당근, 토마토, 오이, 호박, 라즈베리, 셀러리, 아스파라거스
옥수수	클로버, 완두콩, 오이, 스쿼시호박	레디쉬, 제라늄, 메리골드, 가지	참외, 제비콩	토마토, 콩류(강낭콩), 셀러리
콩류	당근, 딸기	감자, 메리골드	오이, 옥수수	마늘, 회향, 바질, 비트, 차이브

09
나부터 지키는 물발자국

 쌍둥이네가 바빠졌다. 이젠 주말마다 할머니네로 내려가 할아버지가 남긴 보물 밭을 가꿨다. 최근에 고속도로가 뻥 뚫려 오가는 시간이 길지 않았다.
 사실 둥근 밭은 독특한 생김새 덕분에 습도나 세찬 바람을 걱정할 필요가 없었다. 동반 식물이 하도 꼼꼼하게 심겨 있어 뽑아 줄 잡초도 거의 없었다. 그런데도 세미와 재원은 밭이 보고 싶었다. 밭에는 할아버지가 예로부터 전해진 것들을 연구해 발전시킨 농사 비법이 모두 들어 있었다.
 땅이 척박해지는 것을 막으려고 해마다 다른 작물을 심는 돌려짓기를 하고 있었다. 식물도 서로 죽이 맞는 사이가 있어서 골라 심어야 했는데 어떤 게 좋은지 적어 놓은 공책까지 남아 있었다.

아무리 욕심이 나도 논과 밭이 쉬어야 한다는 것도 중요했다. 둥근 밭에는 군데군데 작물을 심지 않은 이 빠진 공간이 존재했다. 그렇게 할아버지는 모든 비법을 쏟아 밭을 만들었고, 그게 바로 쌍둥이에게 주어진 보물 밭이었다.

"내년에는 우리나라 종자로 꽉 채우자."

세미가 말했다. 재원은 맞장구를 쳤다.

"그럼 진짜 멋지겠다."

그렇게 결심하고 나니, 할머니네 갈 때마다 날씨가 신경 쓰였다. 한동안 비가 제대로 내리지 않아 물 부족으로 작물이 시들거린다는 말을 듣고 나니 더욱 그랬다.

"안 되겠어. 우리부터 물 아껴 쓰는 법을 좀 고민해 보자."

어느 날 오후, 쉬는 시간을 틈타 세미가 진지한 얼굴로 말했다.

"아! 나도 고민돼서 선생님께 물어 봤었는데, 가상수라는 게 있대."

재원이 대답했다.

"가상수? 그게 뭐야?"

"작물을 키우는 데 필요한 물의 총량이래. 농사를 지을 때 가상수가 덜 드는 작물을 골라서 키우는 게 현명한 거다 이거지. 거기서 한 걸음 더 나간 게 물발자국이고."

"아! 내년에 심을 작물을 고를 때 참고하자! 그리고 물발자국도! 요즘 과자 봉지에도 적혀 있던데, 물발자국 숫자가 적을수록 좋은 거잖아."

나잘나 박사의 한마디

가상수(virtual water)에서 한 걸음 더 발전해 생산뿐 아니라 유통을 위해 이동 시 쓰이는 물의 양까지 합쳐서 측정한 것이 바로 물발자국(water footprint)이란다. 유럽연합(EU)에서 수입되는 제품의 물발자국 정보를 제출하도록 하고 있어 우리나라도 각종 제품에 물발자국 표기가 빠르게 확대되고 있단다.

그러자마자 뒤쪽에서 으하하, 요란한 웃음소리가 들려왔다. 세미가 만날 성이 소 씨니 소처럼 메탄 품은 방귀와 트림을 내뿜는다고 놀려 대는 지한이었다.

"왜 웃는 건데?"

세미가 뾰족한 어투로 묻자, 지한이 눈물 닦는 시늉을 했다.

"아니. 작물을 심고 어쩌고 그러는 게 꼭 할머니 같아서."

"남이야. 뭔 상관?"

"관심 없으면 말고. 물발자국 줄이는 비법을 알려 주려 했는데."

지한이 팔짱을 끼며 으스댔다. 세미는 눈을 끔뻑였다.

"너도 물발자국이 뭔지 알아?"

지한이 어이없다는 표정을 지었다.

"네가 하도 나더러 소 방귀, 소 트림이라고 놀려 대서 엄마를 졸라 스마트 재배기를 샀다고 했잖아."

"스마트 재배기? 그게 뭐야?"

"집에서 채소를 길러 먹는 기계지."

지한의 말에 세미가 고개를 끄덕이며 말했다.

"그러네. 그러면 집에서 바로 수확해 먹으니까 물발자국이 줄어들겠네."

그러자 재원이 손가락을 튕겼다.

"우리 학교 급식실에도 스마트 재배기를 설치해 달라면 어떨까? 내가 알기론 스마트 재배기에 쓰이는 흙은 특수해서 물을 거의 먹지 않는다더라고."

"그게 가능할까?"

세미가 미간을 찌푸렸다. 그러자 곁에서 셋의 대화를 듣고 있던 반 아이들이 하나둘 말을 보탰다.

"메트로 팜이란 것도 있어. 지하철에 스마트 재배기를 놓고 채소를 키워 팔더라고. 지난번에 엄마랑 구경 갔었어."

"마트에서 키우기도 해. 식물공장이라고 부르더라."

반 분위기가 뜨거워졌다. 모두가 앞다투어 의견을 내놨다.

쌍둥이는 눈을 맞추며 미소 지었다. 미래의 밥 냄새가 풍겨 왔다. 우리 종자로 키운 건강한 작물로 가득한 밥상이 눈앞에 그려졌다.

초판 발행 2023년 9월 15일
초판 인쇄 2023년 9월 7일

글 백은영 | **그림** 이한울

펴낸이 안경란
펴낸곳 새를기다리는숲
출판등록 제2019-000069호
주소 서울특별시 은평구 가좌로 175, 5층
전화 02-6925-1628 | **팩스** 02-723-1629
제조국 대한민국 | **사용연령** 8세 이상 어린이
홈페이지 www.bluegarden.kr | **전자우편** eatingbooks@naver.com
종이 다올페이퍼 | **인쇄** 조일문화인쇄사

글ⓒ2023 백은영 | 그림ⓒ2023 이한울
ISBN 979-11-972235-2-5 73400

이 책은 저작권법에 따라 보호받는 저작물이므로 무단 전재와 무단 복제를 금지하며,
이 책 내용의 전부 또는 일부를 이용하려면 반드시 저작권자와 새를기다리는숲(자매사 파란정원·책먹는아이)의
동의를 얻어야 합니다.
*잘못된 책은 구입하신 서점에서 바꿔 드립니다.